AF258673

LETTRE

DE

Mme LA COMTESSE DE D...,

A M. ***,

SUR

LES ÉVÉNEMENS

QUI SE SONT PASSÉS A BORDEAUX AU 1.er AVRIL 1815.

LETTRE

DE Mme LA COMTESSE DE D...., A M. ***,

SUR LES ÉVÉNEMENS QUI SE SONT PASSÉS A BORDEAUX AU PREMIER AVRIL 1815.

Saint-Sébastien, le 10 Avril 1815.

CE ne sont pas des fêtes brillantes, ce ne sont plus des jours de bonheur que j'ai à vous raconter. Au milieu des transports de joie que la présence de MADAME excitait à Bordeaux ; au milieu des fêtes qui se succédaient à l'approche du *douze Mars*, anniversaire si glorieux et si cher aux Bordelais, un cri d'alarme s'est fait entendre, et la gaîté a disparu. Mais le dévouement sans bornes, le zèle sans égal de ces mêmes Bordelais, aussitôt que le cri d'alarme a retenti, voilà ce que j'aime tant à vous redire. *Bordeaux sera toujours Bordeaux*..... Telle fut leur devise à l'aspect de nouveaux dangers, et ils y ont été fidèles.

Le 9 Mars, Monseigneur, Duc d'Angoulême, reçut l'ordre du Roi de se rendre à Toulouse; et il partit, confiant aux Bordelais le soin de veiller sur ce qu'il a de plus cher. Animés d'une double ardeur par la présence de Madame, tous veulent s'enrôler pour la défense de la patrie. Chacun offre sa fortune, ses enfans, son sang, sa vie ! Et c'est entre les mains de Madame qu'on vient avec transport renouveler le serment de mourir pour le Roi. La troupe de ligne même (qui alors n'était pas égarée) prête de nouveau le serment de fidélité, et semble partager l'esprit qui animait Bordeaux (1).

---

(1) S. A. R., persuadée de leur dévouement, leur adressa ces paroles touchantes, dans sa proclamation du 22 Mars :

« Généraux, officiers, et vous, soldats si dignes de vos chefs, recevez l'expression de mes sentimens. Vous m'avez renouvelé votre serment de fidélité; vous avez été témoins de l'effet qu'il a produit sur moi. La patrie est menacée ! Vous fûtes citoyens avant d'être soldats. Dans ce moment, l'intérêt de vos familles, la sûreté de l'état qu'il faut aussi préserver de toute invasion étrangère, *l'honneur, le Roi et la Patrie* vous

Cependant l'orage grossissait de plus en plus au nord, et s'étendait avec une rapidité incroyable de ville en ville. On apprend enfin que le drapeau tricolore flotte à Angoulême, et que le général Clausel se disposait à venir prendre possession de Bordeaux. Cette alarmante nouvelle, loin d'abattre le courage des Bordelais, ne fait que le ranimer davantage. On est prêt à tout.... on ne craint rien.... la présence de Madame électrise tous les cœurs.... sous ses yeux, on saura braver tous les dangers.... on est sûr d'être victorieux, si S. A. R. reste dans la ville.... on la supplie de ne point l'abandonner.... on a besoin de la voir; par-tout on la désire.... Elle paraît ce jour-là comme de coutume vers deux heures, pour aller se promener en voiture découverte, et sa contenance calme et ferme inspire une confiante sécurité.

Avec la même allégresse, avec les mêmes cris de joie, on se presse en foule sur son passage, comme on était accoutumé de le faire chaque jour à cette même heure, lorsqu'elle

---

réclament; je compte sur vous. Rangez-vous autour du trône; défendu par la valeur de l'armée et l'amour de la nation, il est inébranlable ».

sortait du Palais pour aller se promener aux environs de Bordeaux. Les marchands, les ouvriers, quittaient tous leurs travaux, comme si c'eût été la première fois qu'ils l'eussent vue ! Avec la même précipitation ce jour-là, ils accourent pour la voir encore, pour la bénir davantage, et pour former mille vœux pour sa conservation ! Dans tous les villages qu'elle traverse, même empressement ; des jeunes filles viennent lui offrir des bouquets ; et au retour de sa promenade, Elle trouve, comme à son ordinaire, les chemins jonchés de fleurs ! Plus les périls augmentaient, et plus on redoublait d'attachement pour Elle.

Sensible à tant de témoignages d'amour, MADAME était bien déterminée à ne pas quitter Bordeaux, et à mettre tout en œuvre pour conserver au Roi, jusqu'à la dernière extrémité, une ville si fidèle. On redouble de zèle et d'activité pour organiser différens corps de volontaires choisis dans l'élite de la garde nationale : on les équipe à la hâte ; et, sur la nouvelle que le général Clausel avançait de plus en plus, on fit partir aussitôt un de ces corps pour défendre le passage de la Dordogne à Saint-André-de-Cubzac. Une affaire s'engage : et je n'oublierai jamais le cri de

joie qui se fit entendre dans le Palais, en ré-
pétant ces mots..... « Enfin on se bat»!....
Notre petite troupe eut l'avantage ; le général Clausel eut quelques-uns des siens tués
par notre artillerie. La nuit suspendit le com-
bat, qui devait recommencer le lendemain à
la pointe du jour, lorsqu'un incident, mal-
heureusement trop à craindre depuis long-
temps, survint enfin, et fut la principale
cause de la perte de Bordeaux.

La garnison de Blaye, forteresse si im-
portante pour la sûreté de cette ville, venait
de se révolter ; l'étendard tricolore y était
arboré, et la troupe de ligne était sortie de
ce fort, pour aller se joindre au général Clausel ; ce qui lui donnait des forces bien supé-
rieures à celles qu'on pouvait lui opposer (1).
Il ne trouva donc plus aucun obstacle sur sa
route ; et le samedi, 1.er Avril, il parut avec
sa troupe sur la rive droite de la Garonne,

---

(1) Les troupes de Blaye, réunies à Clausel, ne
composaient pas une force supérieure à celle qu'aurait pu lui opposer la garde nationale de Bordeaux ;
mais leur défection était un indice qui confirmait les
soupçons de l'infidélité de plus de deux mille hom-
mes de troupes de ligne, qui formaient la garnison
du Château-Trompette et de la ville de Bordeaux.

en face de Bordeaux. S'étant posté à la Bas-
tide , il n'avait plus que la rivière entre la
ville et lui. C'est de là qu'il proposa une
capitulation. Comme , selon lui , MADAME
était la seule cause des mesures hostiles , il
promettait que , si la ville voulait promptement se soumettre , les habitans ne seraient
pas inquiétés ; personne n'aurait à craindre
pour sa sûreté ; tout le monde devait être
parfaitement tranquille. (La tête seule de
M. Lynch , maire de la ville , était exceptée
de ces conditions pacifiques).

Un cri général d'indignation retentit dans
toute la ville ; et d'une voix unanime , on entendit répéter : « Des armes ! des armes !
» Combattons tous pour sauver Bordeaux » !

Le tumulte augmentait de moment en moment. MADAME ne demandait pas mieux que
de tout tenter pour soutenir une si coura-
geuse disposition : mais pour assurer le succès
de l'entreprise contre le général Clausel, le
concours des troupes de ligne en garnison
dans la ville était nécessaire, les seules forces
de la garde nationale n'étant pas suffisan-
tes (1). Malgré le serment de fidélité que ces

____

(1) Pour aller au-devant de Clausel , et tenir en
respect les troupes de la garnison.

troupes avaient renouvelé, comme je l'ai déjà dit ; malgré un grand et magnifique repas, où, peu de jours auparavant, ces régimens et la garde nationale avaient fraternisé le verre à la main, en buvant ensemble à la santé du Roi (1), ce n'était plus le même esprit ; ils étaient totalement changés ; de perfides agens de Buonaparte les avaient excités à la révolte ; et selon le rapport des officiers généraux, l'insurrection était à son comble dans les casernes. Les autorités militaires tenaient un

---

(1) A la table où étaient réunis les officiers de la ligne et de la garde nationale, le fidèle général Donadieu porta le toast suivant :

« Au dévouement de la ville de Bordeaux ! Puisse » le grand exemple qu'elle donne, faire rougir et » trembler les traîtres qui pensent en ce moment à » violer leur serment et à abandonner la plus sainte » des causes » !

Et les officiers du 8.ᵉ et du 62.ᵉ applaudirent avec toutes les démonstrations de la franchise, et un cri unanime sembla attester qu'aucun des convives n'avait *à rougir ni à trembler.*

Il est à remarquer que, l'instant d'auparavant, le gouverneur Decaen venait de porter la santé suivante :

« Vive le Roi ! *Sa cause est juste et sacrée. Jurons* » *de le défendre jusqu'à la mort* ».

Le lendemain, il trahit la Fille des Rois.

langage très-effrayant sur la disposition des troupes , *même à l'égard de* Madame. Des chefs de bataillon déclarèrent qu'ils ne répondaient plus de la sûreté de S. A. R , tant les propos devenaient affreux : on avait tout à redouter pour ses jours , ajoutaient-ils , si elle ne quittait promptement Bordeaux.

Une opinion bien différente était établie parmi les chefs de la garde fidèle. Ils étaient si persuadés que rien ne pouvait résister à la vue de Madame , qu'ils ne doutaient pas que si Elle se montrait à la troupe de ligne , Elle ne la ramenât sous le drapeau du Roi ; et qu'en ralliant ainsi leur force à celle de la garde nationale, on ne sauvât Bordeaux de cette honteuse soumission, à laquelle on ne pouvait songer sans frémir ; tant l'idée de voir flotter l'étendard tricolore était en horreur. Dans cette diversité d'opinions, Madame n'hésita pas un moment à prendre un parti décisif.

« Je vais aller visiter les casernes , dit-
» elle , et juger par moi-même de la dispo-
» sition des troupes ».

En effet, à deux heures Elle monte en voiture découverte ; une escorte nombreuse d'officiers-généraux , de chefs de différens

corps, l'accompagne à cheval (je vous assure que cette marche guerrière avait quelque chose de bien imposant). On arrive à la caserne de St. Raphaël ; un profond silence y règne à l'entrée de MADAME. Elle met pied à terre ; et passant deux fois dans les rangs, avec cette dignité que vous lui connaissez, Elle vient ensuite se placer au centre, annonçant l'intention de parler aux officiers. Ils se réunissent autour d'Elle. Alors, d'un ton très-élevé, Elle leur adresse ces mots : « Mes-
» sieurs, vous n'ignorez pas les événemens
» qui se passent. Un étranger vient de s'em-
» parer du trône de votre Roi ; Bordeaux
» est menacé par une poignée de révoltés. La
» garde nationale est déterminée à défendre
» la ville. Voilà le moment de montrer qu'on
» est fidèle à ses sermens : je viens ici vous
» les rappeler, et juger moi-même des senti-
» mens de chacun pour son Souverain légi-
» time. Je veux qu'on parle avec franchise ;
» je l'exige... Êtes-vous disposés à seconder
» la garde nationale dans les efforts qu'elle
» veut faire pour défendre Bordeaux contre
» ceux qui viennent l'attaquer ? Répondez
» franchement ».

Pour toute réponse... *silence absolu !*

« Vous ne vous souvenez donc plus des
» sermens que vous avez renouvelés il y a si
» peu de jours entre mes mains!... S'il existe
» encore parmi vous quelqu'un qui s'en sou-
» vienne et qui réste fidèle à la cause du Roi,
» qu'il sorte des rangs et qu'il s'exprime hau-
» tement ». Alors, un petit murmure se fit
entendre, et l'on vit quelques épées se lever
en l'air.

« Vous êtes en bien petit nombre, reprit
» Madame ; mais n'importe, on connaît au
» moins ceux sur qui l'on peut compter ».

Des protestations de dévouement à sa Personne lui furent adressées par quelques-uns
de la troupe. « Nous ne souffrirons pas qu'on
» vous fasse du mal ; nous vous défendrons,
» s'écrièrent plusieurs voix ».

« Il ne s'agit pas de moi, mais du service
» du Roi, répondit Madame avec véhémence :
» voulez-vous le servir » ?

« Dans tout ce que nos chefs nous com-
» manderont pour la patrie, nous obéirons :
» mais nous ne voulons pas la guerre civile,
» et jamais nous ne combattrons contre nos
» frères » !

En vain Madame leur rappela tout ce que
l'honneur et le devoir leur commandaient...

ils furent sourds à sa voix. Avant de les quitter, Elle leur fit promettre qu'au moins ils contribueraient à maintenir l'ordre dans la ville, si on y entrait, et qu'ils veilleraient à ce qu'on ne fît aucun mal à la garde nationale, si on avait de mauvaises intentions contre elle; et MADAME s'en alla, le cœur navré de ce dont Elle venait d'être témoin; mais ce n'était rien encore, en comparaison de ce qu'il lui était réservé de souffrir !

La visite de la seconde caserne fut bien plus pénible; l'esprit de révolte s'y montrait mille fois davantage; et ce fut bien plus inutilement encore que MADAME essaya de les ramener dans le chemin de l'honneur.

Malgré le peu de succès que S. A. R. pouvait espérer d'une troisième tentative auprès de semblables troupes, Elle ne voulut rien négliger; et ce fut au Château-Trompette que les efforts de son héroïque courage furent portés au plus haut point. Quelle réception l'on y préparait à l'auguste Fille de tant de Rois ! De la vie je ne l'oublierai : j'en ai tant souffert !

Après avoir passé les sombres voûtes de ce château fort, représentez-vous le coup-d'œil qui nous frappa en entrant dans l'intérieur de cette caserne, transformée en véritable

repaire de brigands. L'air farouche , la contenance morne et frémissante de rage , comme au moment de saisir leur proie , telle nous
trouvâmes cette soldatesque mutinée rangée
sous les armes.

Avec une ame , une énergie sans égale ,
Madame leur adressa un discours , fait pour
émouvoir les cœurs les plus endurcis. Dans
tout autre temps ils en auraient été attendris.
Mais à quel excès d'égarement ne les avait-on
pas poussés , puisqu'ils semblaient redoubler
de rage , en écoutant un langage si noble et
si touchant ! Plus l'émotion de Madame augmentait , et plus Elle redoublait d'éloquence.
Des larmes inondaient son visage ! « Eh quoi !
» leur dit-elle enfin , est-ce bien à ce même
» régiment d'Angoulême que je parle ? Avez-
» vous pu oublier si promptement les grâces
» dont vous avez été comblés par le Duc
» d'Angoulême ?... Ne le regardez-vous donc
» plus comme votre chef ?... lui que vous
» appeliez votre Prince !!!... et Moi , dans
» les mains de qui vous avez renouvelé votrè
» serment de fidélité ; Moi, que vous nom-
» miez *votre Princesse* , ne me reconnaissez-
» vous plus ?... O Dieu ! ajouta-t-elle avec
» l'accent de la plus vive douleur : après

» vingt ans de malheurs , il est bien cruel de
» s'expatrier encore ! Je n'ai cessé de faire des
» vœux pour le bonheur de la France ; car,
» je suis Française , Moi !..... Et vous ,
» vous n'êtes plus Français ! Allez , retirez-
» vous » !

Pourra-t-on jamais croire que, dans cet instant, il se soit trouvé un être assez vil pour oser dire avec ironie : *Je ne réponds rien, parce que je sais respecter le malheur.* Au seul souvenir de tant d'insolence, tout mon sang bouillonne encore ; jamais je n'éprouvai un tel mouvement d'indignation (1).

------

(1) La mémoire de l'auteur ne lui a pas retracé un trait qu'elle aurait peint avec son style plein de charmes. MADAME adressa successivement trois discours à des troupes différentes dans l'intérieur du Château-Trompette. A la dernière, qui était rangée en bataille dans la demi-lune du Château, le capitaine Corseron de Villenoisy, officier du 66.e de ligne, sortit seul des rangs quand MADAME eut cessé de parler; il se jeta aux pieds de S. A. R., et lui dit : « *J'a-* » *bandonne pour jamais une bande de traîtres ; je* » *supplie V. A. R. de permettre que je la suive par-* » *tout* ». MADAME répondit : « *Non, bon jeune homme,* » *vous allez vous perdre ; retournez à votre poste* ». Mais il persistait malgré les instances de MADAME, lorsqu'un chef de bataillon, à la demi-solde,

MADAME donna le signal du départ ; un roulement de tambour se fit entendre , et nous repassâmes sous les batteries de ce triste fort , le cœur encore plus déchiré que lorsque nous y étions entrées.

Pour adoucir l'amertume de ce pénible calice , il semblait que MADAME eût réservé pour la fin de sa course la revue qu'elle se proposait de faire de cette fidèle garde nationale , qui s'était mise en bataille sur le superbe quai qui s'étend le long des bords de la Garonne. Une scène bien différente de celle dont Elle venait d'être témoin l'attendait là. Lorsqu'Elle parut , un cri général *de vive le Roi ! vive Madame !* se fit entendre. A la vue de la profonde douleur répandue sur son visage , on semblait redoubler encore d'attachement pour Elle ; et c'est avec transport qu'on le lui exprimait. Elle eut beaucoup de peine à se faire entendre de la troupe nombreuse qui l'entourait. Elle adressa à cette garde fidèle tout ce que son cœur lui inspira

---

M. Landais , qui avait suivi le cortége , fit cesser cette scène touchante , en disant au jeune homme : « *Viens avec moi, brave camarade , nous la sui-* » *vrons ensemble* ».

de plus noble , de plus sensible , pour lui ex-
primer combien Elle était touchée de tant de
zèle et de dévouement pour le Roi. « Je viens ,
» ajouta-t-elle , vous demander un dernier
» sacrifice... Promettez-moi de m'obéir dans
» tout ce que je vous demanderai ». Nous le
jurons ! — « Hé bien ! continua MADAME ,
» d'après ce que je viens de voir, on ne peut
» compter sur le secours de la garnison ; il
» est donc inutile de chercher à se défendre.
» Vous avez assez fait pour l'honneur ; je
» prends tout sur moi : conservez au Roi
» des sujets fidèles pour un temps plus heu-
» reux. Je vous ordonne *de ne plus combat-*
» *tre* ». Non , non , relevez-nous de notre
serment !... nous voulons mourir pour vous !.
On se presse autour de la voiture ; on saisit
la main de MADAME ; on la baise ; on l'inonde
de larmes ; on demande pour toute grâce ,
qu'il soit permis aux braves Bordelais de ré-
pandre leur sang. L'enthousiasme est porté
jusqu'au délire ; toute la ville le partage , et
mêle ses cris de *vive le Roi !* à ceux de la
garde nationale.

En cet instant, Bordeaux offrait un coup-
d'œil unique dans son genre. Jamais on ne
vit un spectacle plus étonnant , et jamais po-

sition ne fut plus intéressante que celle où se trouvait Madame ; car, au moment où elle se voyait environnée de tant d'hommages et recevait le tribut d'attachement de tous les cœurs, Elle était placée exactement en face de ce général Clausel, qui, de l'autre côté de la rivière, se trouvait témoin des touchans hommages qui étaient offerts à S. A. R. Il ne pouvait perdre un seul des témoignages d'amour qu'on lui prodiguait, dont le son parvenait très-distinctement jusqu'à lui ; il en fut très-alarmé, et fit braquer ses canons de ce côté. Les drapeaux blancs, qui flottaient à toutes les fenêtres, et qui ornaient si bien le quai, étaient aussi une perspective fort désagréable pour lui. Jamais, en effet, la ville n'avait été plus belle. Pour le plus beau jour d'entrée, il aurait été impossible qu'elle fût plus brillante en signes de royalisme de tout genre. La population paraissait doublée ; et lorsque Madame retourna au Palais, Elle fut accompagnée par tout ce peuple fidèle, qui la bénissait les larmes aux yeux, et s'unissait du fond du cœur à ses regrets et à sa douleur.

A peine étions-nous de retour, qu'une fusillade commença dans la ville ; on vit passer

des blessés qu'on rapportait : (1) de moment
en moment on venait apporter à MADAME des
nouvelles effrayantes, et on annonçait que ce
n'était que le prélude du massacre qu'il y aurait bientôt. Ces mêmes régimens en insurrection quittaient leurs casernes ; une partie
s'était rangée sur la place de la Comédie, et

---

(1) L'auteur rapporte les bruits qui se répandirent
au Château-Royal ; ils étaient exagérés : il n'y a pas
eu de fusillade dans les rues de Bordeaux ; il n'y en
eut que sur le quai de la Grave , par erreur et par
des insinuations perfides. La garde nationale séden-
taire, quoique désespérée de ne pas repousser Clausel,
demeurait à son poste dans le meilleur ordre ; des
volontaires nouvellement levés et payés, que des mal-
veillans avaient mis dans un état d'ivresse , avaient
seuls quitté leurs rangs ; comme une troupe de fu-
rieux, ils s'acharnaient sur M. le maréchal de camp,
comte de Puységur, inspecteur, spécialement chargé
par MADAME de faire retirer la garde nationale : ils vou-
laient absolument passer la rivière, *malgré les ordres
formels de S. A. R.* ; et quand ils virent qu'ils ne pou-
vaient contraindre cet officier-général à désobéir aux
ordres reçus, et que le mouvement de retraite était
commencé, aveuglés sur les véritables intérêts de la
ville et du précieux dépôt qu'elle avait à garder, ils
firent feu sur leur général, ainsi que sur la compagnie
Troplong, qui eut le malheur de perdre son brave
capitaine.

*

tenait des propos si affreux , que les généraux et plusieurs officiers vinrent supplier MADAME de partir tout de suite de Bordeaux. Il ne se passait pas une minute sans qu'on ne vît arriver des messagers expédiés de toutes parts , pour conjurer MADAME avec instance de penser à sa sûreté. Rien ne pouvait la décider à abandonner cette malheureuse ville. Elle ne supportait pas la pensée du sort affreux qui était peut-être réservé à ses habitans après son départ. Elle en était accablée de douleur, lorsqu'on vint l'avertir que si Elle prolongeait son séjour , loin d'être utile à Bordeaux Elle serait cause que le général Clausel agirait avec plus de violence.

Alors, ce qu'on n'aurait pu gagner sur Elle , en ne lui parlant que des dangers qu'Elle courait et de sa sûreté personnelle , on l'obtint aussitôt qu'il fut question du salut de la ville et de ses habitans.

A huit heures du soir, Elle reçut donc les adieux de ceux qui, ne pouvant la suivre , ne lui restaient pas moins bien dévoués, dans Bordeaux. Elle monta en voiture et partit, bien escortée par cette même garde fidèle qui, à la hâte, était montée à cheval pour veiller sur ses jours et protéger sa retraite.

Un triste et profond silence régnait dans la ville ; chacun s'était retiré chez soi ; les portes et les volets de toutes les maisons étaient fermés : c'était le préparatif de la réception qu'on réservait au général Clausel. En effet , nous avons su depuis qu'il avait demandé , en entrant dans la ville , s'il n'y avait plus d'habitans à Bordeaux.

Mais , au passage de MADAME , malgré ces portes et ces fenêtres closes , du fond de ces maisons on entendit encore comme un *écho* qui répétait : *Vive Madame ! vive Madame !*

Le ciel devint orageux à notre sortie de la ville ; la nuit était obscure et froide ; il pleuvait , et les cavaliers de la garde nationale et des volontaires , qui composaient notre escorte , avaient de la peine à se reconnaître. MADAME témoigna des craintes que la pluie ne les incommodât ; mais ils n'y faisaient aucune attention , et n'étaient occupés que du désir de voir S. A. R. en sûreté.

C'est ainsi que nous nous acheminâmes dans un chemin de sable , qui conduit à Pauillac. Nous marchâmes au pas toute la nuit ; et ce n'est qu'à huit heures du matin , le dimanche 2 Avril , que nous pûmes y arriver. En descendant de voiture , la première pen-

sée de Madame fut d'entendre la messe. Les
secours du ciel étaient plus nécessaires que
jamais. Tant de sacrifices en quittant la
France ! tant d'inquiétudes pour ce qu'on y
laissait de si cher (1)! tant de douloureux sou-
venirs et tant d'épreuves encore à supporter !
tout fut placé sous les yeux de Dieu, tout lui
fut offert.; et la Providence a répandu ses bé-
nédictions sur d'aussi ferventes prières !

Tout étant prêt pour l'embarquement ,
nous entrâmes dans la chaloupe du capitaine
anglais ; et par une pluie battante , nous nous
rendîmes à bord du *Wanderer, sloop of war,*
qui devait porter Madame en Espagne , où
Elle désirait d'aller. Mais rien ne peut pein-
dre le désespoir de la garde fidèle qui avait
escorté S. A. R. depuis Bordeaux , lorsqu'il
fallut enfin se séparer d'Elle !... Avec de pe-
tites barques ils avaient accompagné la chaloupe, et flottaient au tour du *Wanderer,* en
demandant avec instance de revoir encore
Madame.

Elle parut sur le pont ; et un cri de douleur
se fit entendre. Chacun, pour adoucir ses re-
regrets , voulait avoir au moins quelque chose

---

(1) Monseigneur le Duc d'Angoulême.

qui lui cût appartenu : quelques-uns de ses rubans furent partagés ; mais, comme il n'y en avait pas encore assez, Elle détacha les plumes blanches qui étaient sur son chapeau, et les leur distribua.... Avec quel transport de reconnaissance ils reçurent ce don ! et quel espoir consolant ils emportèrent, en pensant que ce panache les rallierait tous encore au chemin de l'honneur !

Nous mîmes à la voile, et nous nous éloiguâmes de France !!....

A BORDEAUX,

Chez Lavigne jeune, Imprimeur du Roi et de S. A. R. Mgr. le Duc d'Angoulême, rue Porte-Dijeaux.

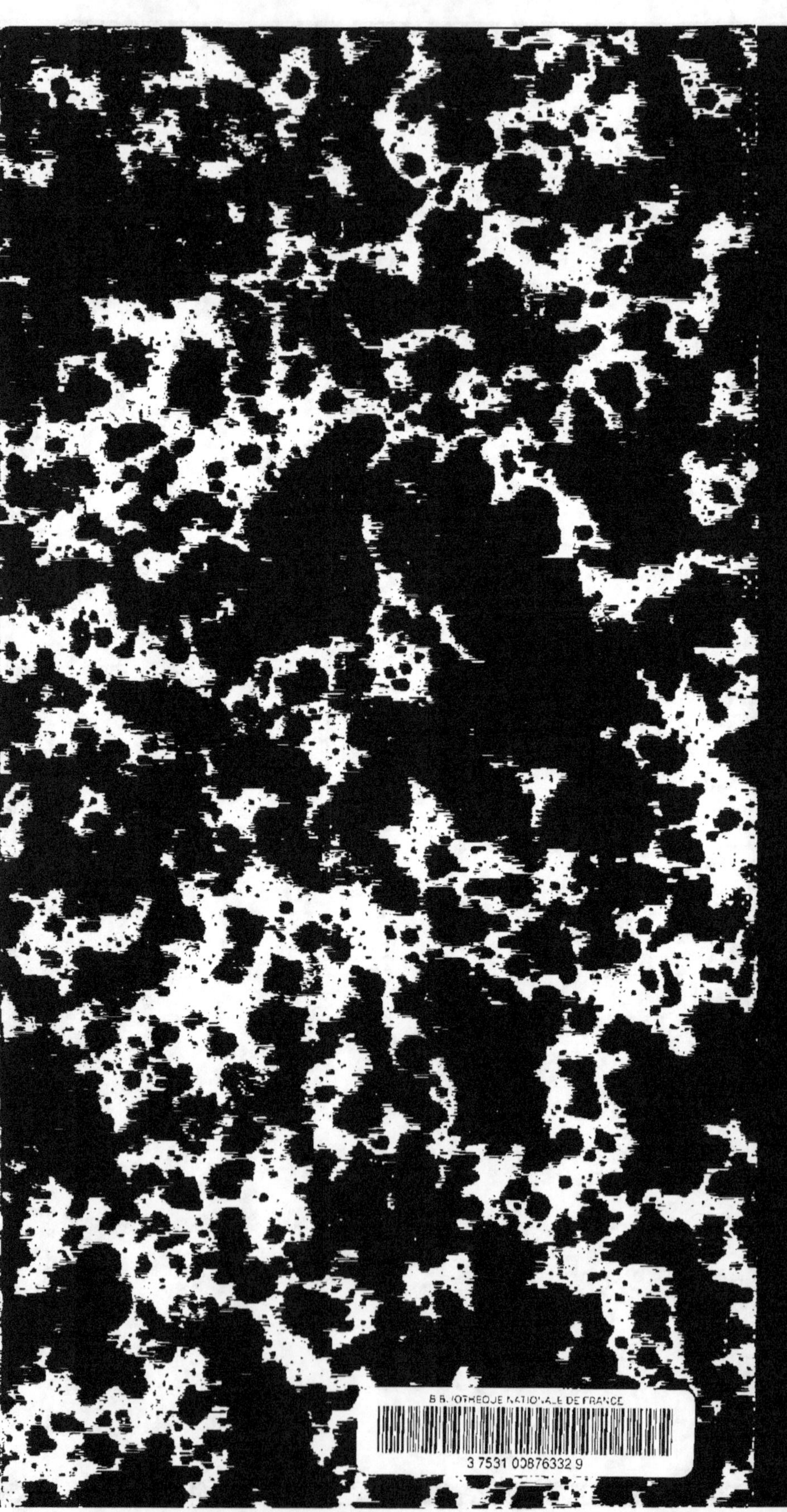